# 할아버지와 할 친구들

글·그림 김영혜

성원인쇄문화사

## 책 소개

귀촌을 하며

모든 일상이 달라졌다.

낯선 곳에서 낯선 하루 일과를 맞은게 엊그제 같은데,

시간이 지나면서 새롭게

눈이 열리고, 귀가 열리고, 마음이 열렸다.

눈 뜨면 보이는 바다,

들리는 파도 소리, 바람 소리, 새 소리,

묻어오는 꽃내음, 흙내음,

그리고 더불어 살아가는 작은 생명들.

할아버지를 중심으로 일어나는

소소하지만 감사한 일상 이야기를

글로 남기고 그림으로 그려보았다.

나이 들어간다는 것은

자연에 동화되어간다는 것이리라 깨달아가며……

# 목차

손녀와 할아버지 • 04
제비 • 08
산밭 딱따구리 • 10
아기 고라니 • 12
여름 참새 • 14
월정사 다람쥐 • 16
식당 고양이 • 18
갈매기와 새우깡 • 20
할아버지와 바다 • 22
도루묵 • 24
길고양이 누렁이 • 26
창밖 직박구리 • 28
해변고양이 나비 • 30
감 • 32
편의점 사장님과 해변고양이 나비 • 34
할아버지와 친구들 • 36
뚱딴지 돼지감자 • 38
그리움 • 40

# 손녀와 할아버지

저기 물에
큰 바위 작은 바위 돌 위로 건너가는 거, 뭔지 아니?
징검다리?
그래 맞아
징검다리도 아네 울 손녀
우리 내려가서 징검다리 한번 건너볼까?
미끄러지지 않게 조심조심 내려가자
할아버지, 다리가 따가워
어디보자, 이런 씨앗들이 붙어있네
끝이 뾰족해서 아프게 찔렀구나
요기조기 많이도 붙어있네
할아버지 바지에도 붙어있네

할아버지 손잡고
할아버지 발 놓는 데로 가는 거야
먼데는 할아버지가 옮겨줄게
야호 신난다. 조심, 조심……
어떤 돌은 흔들거려
그래, 거긴 할아버지 손 꼭 잡고 발 놓으면 괜찮아
앗, 노란색 돌이 미끄러워
할아버지 발이 물에 빠지고
울 손녀 한 발에도 물이 들어가 버렸네


할아버지가 둥둥 떠내려가고
나도 빠지면 어떡하지?
예쁜 울 손녀, 걱정 하지마
여긴 물이 조금 있어 그리 빠지지 않고
울 손녀는 할아버지가 꼬옥 지켜줄 거니까
두근두근, 조심조심
참 재미있었던 징검다리길

# 제비

어느 날 창 밖 베란다에 제비 두 마리가 나타났다.
분주히 나드는 것이 집터를 마련하려는 듯
할아버지는 비바람이 들이치지 않을
구석 꼭대기에 받침을 만들어주었다.
제비부부는 새 터전 위에
새로운 모양의 집을 지었다.
알을 낳고 열심히 품어 드디어 새끼들이 보였다.
세 마리인가 네 마리인가, 아니, 다섯 마리였다.
잘 먹고 잘 자라
하나 둘 받침베란다로 나오며 날기 시작했는데
늦둥이 막내는 날 엄두를 내지 못했다.
다른 형제들이 나들며 함께 자리를 지키고 용기를 주더니
드디어 함께 날았다.
그렇게 며칠을 드나들고는 아주 떠났다.

내년에도 또 오렴.

제주도에 다모여 필리핀 루손섬으로 먼 길을 갔다가

절반 정도만 살아 돌아온다는데……

다들 무사히 다시 만날 수 있게 되기를 기원했다.

# 산밭 딱따구리

할아버지는 농사를 짓는데 꼭 필요하다며

비탈에 농막을 지었다.

한 시 방향에 보이는 죽은 소나무에

딱따구리들이 앉아 시끄럽게 쪼아대더니

농막에서 바로 보이도록 구멍 두 개를 위 아래로 뚫었다.

그리고 위쪽 구멍에 알을 낳았다.

딱따구리 엄마아빠가 열심히 드나들던 어느 날

새끼들이 작게 떠드는 소리가 들리기 시작했고

드디어 꽤 자란 세 마리가 얼굴을 내밀었다.

다 자라는 동안 시끄러운 소리가 산밭에 가득했다.

엄마아빠는 부지런히 먹이를 날라댔다.

날개달린 벌레도 물어 날랐다.

긴 비 지나고 며칠 만에 간 산밭

딱따구리 가족은 없었다.

딱따구리들이 떠나고 난 빈 구멍
요란하던 소리가 사라지니
그 적막함에 다른 새소리조차 묻혀버리는 듯했다.
길지 않았지만
참 좋은 시간이었다.

# 아기 고라니

할아버지의 산밭

정성껏 심은 채소들이 뿌리를 내려 잘 자라기 시작했는데

여린 고구마 순과 고춧잎들을

고라니가 낫으로 벤 듯 잘라먹었다.

더러는 싹이 다시 났고 죽어버린 건 다시 심었다.

할아버지는 고라니가 들어오지 못하도록

고라니 방지 울타리를 만들었다.

그런데 어느 날

할아버지가 열심히 일하고 있던 울타리 안에

어린 고라니가 함께 있는 것이 아닌가.

이를 발견한 할아버지는

이 예쁜 고라니를 안아 내보내주려 했지만

겁에 질린 아기 고라니는 자꾸 빠져나갔다.

이리저리 날뛰다가 어찌어찌 울타리 너머로 달아나버렸다.

전 세계적으로는 보호 종이라는데

그 중 절반 이상이 살고 있는 우리나라에선

유해동물이 되어버린 고라니

할아버지는 고라니 울타리를 고치지 않았다.
이후 사방에서
고라니 똥을 볼 수 있었다.

# 여름 참새

농사짓는 것이 즐거운 취미활동인 할아버지
지난여름에는 물통 옆에
물을 뿌리며 돌아가는 스프링클러를 설치해놓았다.
그리곤 그곳이 참새들에게 인기 장소가 되었다.
잠시 농막에 앉아 쉬고 있던 할아버지 얼굴에
이내 더위를 식혀주는 미소가 번졌다.
참새들이 샤워하는 모습이 보였기 때문이다.
물통의 물을 적시기도 하고
스프링클러 물에 날개를 푸드덕거리며 씻기도 했다.
이후 할아버지에게는
물통 물을 가득 채워놓는 습관이 생겼다.
물높이가 낮아지면 참새들이 엎드리다 빠질까봐.

곡식을 까먹어 한동안 해로운 동물로 여겨졌지만
해충을 잡아먹으며
농작물의 병충해 방제에 도움이 되는 것으로 알려지면서
오명을 벗은 예쁜 참새들 재롱에
할아버지의 여름이 무덥지 않았다.

# 월정사 다람쥐

한번은 월정사 전나무숲길을 걷다가
작은 다람쥐를 만났다.

길 따라 우거진 옆 나무 수풀 속에서
따라오고 있었던 것이다.
할아버지는 근처 바위에 앉아
다람쥐에게 손짓하며 오라고 불렀다.
사람들에게 익숙해져있는지 작은 다람쥐가 왔다.
아무것도 얻을 게 없는 걸 안 다람쥐는 이내 가버렸다.
실망했나보다.
먹는 걸 주지 말라고 써 있다는 걸 다람쥐는 모르지.
미안해 다람쥐야.
그런데 왜 미안해야 하는 건지 생각이 멈췄다.
할아버지는 잠시
건강한 다람쥐 건강한 생태계를 생각해보았다.

# 식당 고양이

요즘은 식당 마당에서 고양이들을 흔하게 볼 수 있다.
손님들이 좋아해주고 챙겨주기도 하니
고양이들은 그곳을 주 거주지로 지내는 것 같다.
고양이들은 식당을 운영하는 이들에게도
도움이 되는 존재가 아닐까?

본래 쌀쌀한 것이 고양이들의 특징이지만
더러는 사교성이 좋은 개냥이들도 있다.
어느 날 처음 가게 된 식당,
예쁜 마당에서 예쁜 고양이들을 만났다.
할아버지가 쪼그리고 앉으니
용감한 고양이가 옆에 와서 앉았다.
할아버지는 고양이와 나란히 앉아
한동안 함께 놀아주었다.
곧 다시 오게 될 것 같았다.

# 갈매기와 새우깡

사천진리 갈매기들은 새우깡 주전부리를 아주 좋아한다.

여러해 전 해변의 철조망이 사라진 후 한동안
갈매기들은 새우깡을 마구 던져놓아도 먹지를 않았었다.
경계심 때문이었는지 새우깡 맛을 몰랐던 건지.

월미도 유람선 뱃전에서 새우깡을 들고 있으면
뭇 갈매기들이 손 끝 새우깡을 낚아채며
관광객들의 마음을 사로잡던 갈매기들과는 달랐었다.

어느새 물고기보다 새우깡을 좋아하게 된 갈매기
이제는 건강한 갈매기 건강한 생태계를 위하여
한강 유람선에서는 갈매기들에게 먹이로 줄 수 있도록 멸치를 팔고 있다.

사천진리 갈매기들도 언젠가
마른 멸치 맛을 알게 되려나……
그 맛은 몰라도 된다.
아침이나 저녁 때 돌아오는 어선을 따라오면
신선한 맛을 즐길 수 있는 천혜의 조건에서 살고 있으니

# 할아버지와 바다

바다는 할아버지의 참사랑이다.
어느 순간도 같은 적이 없지만
또한 한결같이 변함없는 바다……
할아버지는 특히
미역냄새 가득한 바다를 아주 좋아한다.
추운 날씨에도,
장화 같으면서 가슴까지 올라오는 고무 슈트를 입고
갈고리가 막대 끝에 달린 손수 만든 장대를 가지고
할아버지는 해변으로 나간다.
쇠미역은 1월~3월, 미역은 3월~5월,
그리고 돌미역은 7월~8월이 적기라는데
할아버지는 그냥 눈대중으로 보고 나간다.
아카시아 꽃이 필 때 미역이 왕성하게 자란다는데
산밭과 바다를 오가며 올해는
이 오묘한 자연의 변화를 잘 관찰해 보아야겠다고
할아버지는 생각한다.

# 도루묵

12월 초는 도루묵 철이다.

어느 해인가 그 겨울 도루묵이 풍년이었다.

모래사장이 크리스마스 장식으로 꾸며놓은 듯 화려했다.
널려있는 주황색, 연두색, 붉은색, 연보라색 도루묵 알들이
알록달록 크리스마스 장신구 같았기 때문이다.
도루묵 알들은 어째서 이렇게 다양한 색을 띄는 걸까
궁금했는데,
어미 도루묵이 어떤 음식을 먹는가에 따라
알 색깔이 달라진단다.
그 해, 할아버지는
처음이자 마지막으로 도루묵을 잡아보았다.
할아버지는 말리려고 널어놓았던 도루묵들이
오랫동안 죽지 못하고 있었던 것에 마음이 아팠다.
그 이후 할아버지는 도루묵을 잡지 않았다.
그리고 그때 말리던 도루묵은 본의 아니게
야생 고양이들의 겨울 먹이가 되었다.

# 길고양이 누렁이

길고양이 누렁이는 할머니의 친구다.
동네 길고양이들 중 서열 꼴찌 누렁이,
왜소한 외모도 그렇고 여기저기 물리고 찢기고
몰골이 말이 아니어서, 밥을 챙겨주기 시작한 지
몇 년이 되다보니 괴롭히던 못된 고양이들은 사라지고
할머니와 누렁이는 정이 들었다.
할머니가 사는 2층 베란다에는 누렁이 전용 공간이 있다.
집도 있고 건사료도 늘 있다.
이른 아침 시간이면 나타나 할머니를 기다리는 누렁이,
할머니는 습식사료와 비스킷 간식을 준다.
때로는 반갑다며, 때로는 왜 늦었냐며 야옹거리는 누렁이,
언젠가부터는 그르렁그르렁
할머니의 엉덩이 팡팡 손길을 좋아한다.
그래도 밥을 먹고 나면 뒤 한번 돌아보고는
훌쩍 떠나버린다.

그 자유로움을 만끽하는 걸까,

가끔씩 물어 뜯겨오는 걸 보면

뭇 위험을 감수해야 할 것 같은데, 매일 그렇게 떠난다.

수명이 집고양이의 30%라는데

만난 햇수로 5년이 된 누렁이가 오래오래 잘 살았으면 좋겠다.

# 창밖 직박구리

우연히 창밖을 내다보다가 그 현장을 목격하게 되었다.
언젠가부터 누렁이 밥그릇의 건 사료가
주변에 마구 흩어져 있었는데 그날,
밥그릇 주변에는 큼지막한 새들이 세 마리 앉아있었다.
인터넷을 찾아보니 직박구리 같았다.
한 마리가 건 사료를 물어 다른 두 놈들 입에
한 개씩 넣어주고 있었다.
어미와 새끼 사이인 것 같았다.
먹는 법을 가르치고 있던 것이었을까
다음날에는 두 놈이 나란히 앉아 스스로 사료를 먹었다.
하루 만에 먹이 먹는 걸 가르친
어미 직박구리가 위대해 보였다.
이후 할머니는 베란다 창밖을
좀 더 자주 내다보게 되었다.
집 바로 뒤가 지진대피로가 있는 야산이어서
그곳은 나름대로 복잡한 야생의 세계를 엿볼 수 있는
명당이었다.

# 해변고양이 나비

할머니 집 앞은 해변이다.
어느 날 해변에서 누런 얼룩 고양이를 만났다.

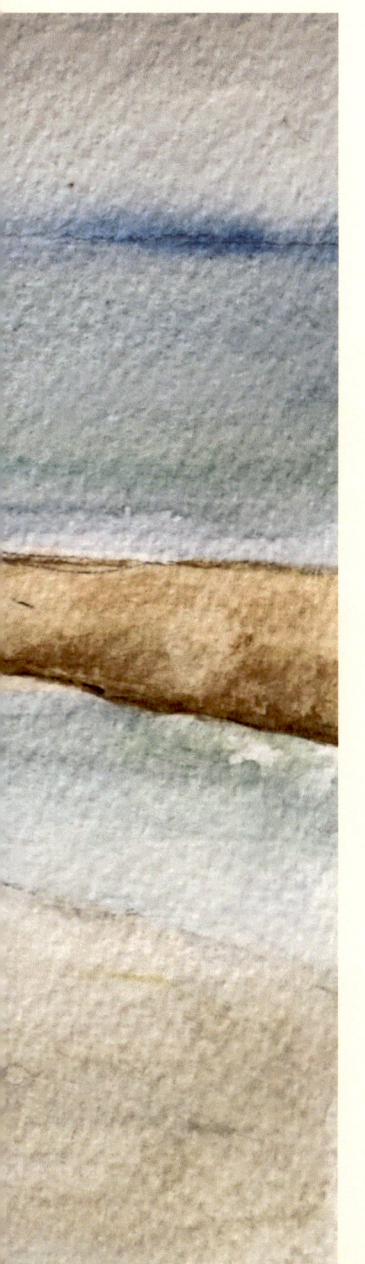

할머니 집에 들르는 고양이 이름이 누렁이여서
해변고양이는 나비라 부르기로 했다.
특별한 이름은 굳이 피했다.
서로 길들여지면서
온전히 책임을 지는 사이가 되어야할 것 같아서.
할머니는 가방에 늘 츄르를 가지고 다닌다.
츄르를 좋아하는 나비를 만나면 주기 위해서다.
다행히도 옆집 편의점 사장님이
나비를 살뜰히 챙겨주신다.
할머니는 편의점 사장님께 고양이 집을 선물했다.
동네 야생 고양이들은
마음씨 좋은 동네 분들이 곳곳에서 챙겨주신다.
참 다행이다.

# 감

할아버지는 감을 아주 좋아한다.
가을이 되면 마음이 먼저 주황색으로 물들기 시작한다.
어떤 감들은 덜 익었을 때 따서
소금물에 담가 떫은맛을 우려내며 침감을 만든다.
어떤 땡감들은 잘 깎아 바람 통하고 비 맞지 않을 그늘에
매달아 곶감으로 만든다.
감 중에 가장 먼저 따 먹을 수 있는 단감,
녹색이 남아있는 주황색이어도 맛있다.
끝이 뾰족하고 큰 대봉시는 서리가 내린 후 따서
홍시로 만들어 먹는다. 끝이 갈라진 장대를 가지고
가볍게 감나무에 올라 감을 땄던 할아버지,
많이 조심스러워졌지만 아직도 감을 따는 데는 선수라는
자부심을 갖고 있다.
생각보다 열량이 적고, 눈과 피부 건강에도 좋으며
콜레스테롤 수치도 낮춰주는 감이지만 할머니는 단감만 좋아했었다.
물컹거려 터지기라도 하면
손과 입 주변에 마구 묻는 홍시가 싫었었다.
그런데 언제부턴지 할머니도 그 부드러운 식감이 좋아졌다.
할아버지를 닮아가나 보다.

## 편의점 사장님과 해변고양이 나비

바위섬을 찾는 이들 대부분은 해변고양이 나비를

예뻐해주고 더러는 간식을 사주기도 한다.

나비는 함께 사진을 찍기도 하고 바위섬을 오르기도 한다.

그래도 길고양이에겐 늘 위험이 도사리고 있다.

한번은 주차되어있는 차 밑에 있다가 다쳤는지

한 다리가 부러진 듯 전혀 쓰지 못하며

몇 달을 세 발로 다녔다.

그러던 어느 날부터 조금씩 네 발로 걷더니

서서히 잘 걷게 되었다.

맘씨고운 편의점 사장님의 정성이

하늘에 닿은 것 같았다.

대부분의 고양이들은 물을 싫어해서

바위섬까지 쫓아가지는 않기 때문에

나비에겐 그곳이 피난처가 되었다.

가끔씩은 친절한 낚시꾼 곁에서 작은 물고기를 얻어먹는

즐거움도 있는 것 같았다.

한번은 낚시 바늘이 나비의 발에 깊이 박힌 적이 있었다.

편의점 사장님의 끈질기고 간절한 요청 끝에

전문가의 도움으로 30여 분 만에 낚시 바늘을 빼냈다.

나비는 요즈음 사장님이 마련해 준 실내 보금자리에서 주로 지낸다.

나비가 신뢰하는 편의점 사장님이 고맙다.

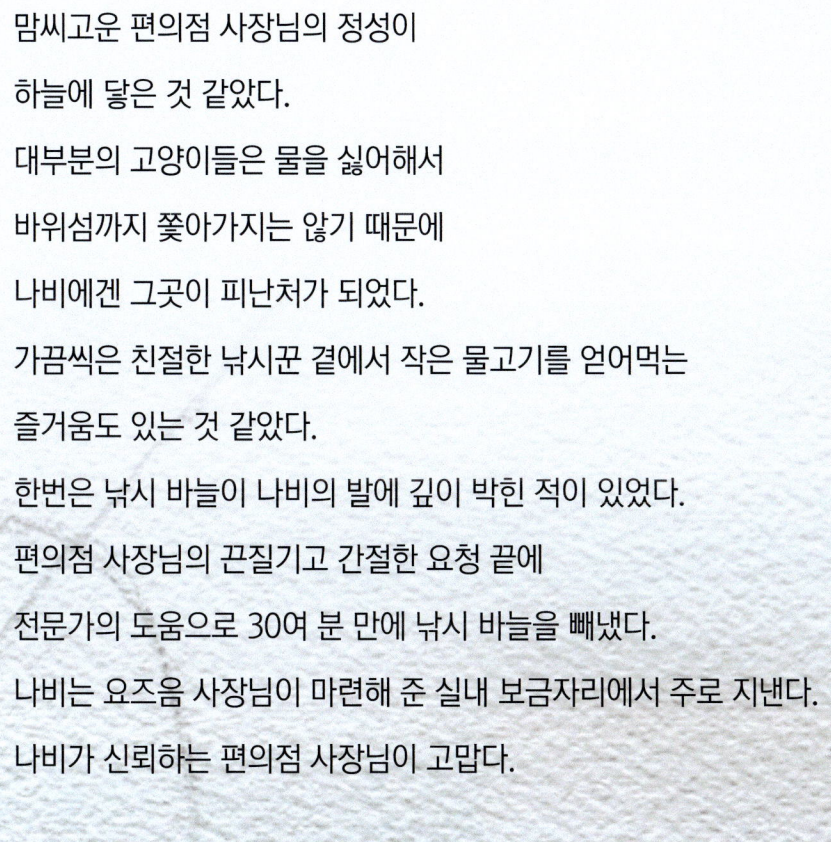

## 할아버지와 친구들

농사 지으랴, 테니스 치랴, 붓글씨 쓰랴

하루 24시간이 바쁜

할아버지,

독서가 할아버지의

주된 취미활동이었던 시절도 있었다.

노년이 되니

전경이 아름다운 망망대해,

주변의 모든 것들이 소중한 친구들이다.

따스한 햇살

너울대는 파도

눈부신 윤슬

그리고 실내에 잔잔히 흐르는 음악······

오늘도 오감으로 행복을 느끼며

온 정신으로 감사하며 하루를 접는다.

## 뚱딴지 돼지감자

농사짓는 할아버지에게는
아무데서나 마구 자라는
애물단지 뚱딴지

꽃을 좋아하는 할머니에게는
아무데서고 잘 피어나는
예쁜 야생화 뚱딴지

혈관건강, 다이어트에 좋다며
귀한 몸이 된
돼지감자 뚱딴지

# 그리움

보고싶다

보리수를 따는데
열매 속에 네가 보인다

옛 사진 닮은 그리움
한 컷 저장한다

흘러가는 것에
기약이 있을까……

## 지은이 소개

교육학과 상담을 전공하고
강의와 상담을 하다가
할머니가 되면서 퇴직하였다.
그리고 손녀딸에게 그림을 그려주면서
그림 그리기가 새로운 취미가 되었다.
이후 강릉으로 귀향,
어반 드로잉 동아리 활동을 통하여
보다 적극적으로 취미활동을 계속하고 있다.

역시 상담 전공으로
어려운 이들을 따뜻이 보살피던 할아버지의
제비, 고라니, 고양이 들에 대한 잔잔한 사랑,
그 할아버지를 지켜보는 할머니의 시선이 따스하다.

글·그림 김영혜

## 할아버지와 친구들

2025년 08월 06일 인쇄
2025년 08월 07일 발행

지은이 / 김영혜
발행인 / 홍명수
발행처 / 성원인쇄문화사
출판등록 / 강릉2007-5

25572 강원특별자치도 강릉시 성덕포남로 188
Tel (033)652-6375 / Fax (033)652-1228
E-mail 6526375@naver.com

값 13,000원

ISBN 979-11-92224-58-9(03800)

- 저작권법에 의해 보호받는 저작물이므로 저자와 출판사의 동의 없이 내용의 일부를 인용하거나 발췌하는 것을 금합니다.
- 파손된 책은 구입처에서 교환해 드립니다.